내 영혼의 깃발

내 영혼의 깃발

초판 1쇄 발행 2024년 6월 30일

지은이 김인자
펴낸이 장현수
펴낸곳 메이킹북스
출판등록 제 2019-000010호

디자인 이정아
편집 이정아
교정 안지은
마케팅 김소형

주소 서울특별시 구로구 경인로 661, 핀포인트타워 912-914호
전화 02-2135-5086
팩스 02-2135-5087
이메일 making_books@naver.com
홈페이지 www.makingbooks.co.kr

ISBN 979-11-6791-562-7(03810)
값 16,800원

ⓒ 김인자 2024 Printed in Korea

잘못된 책은 구입하신 곳에서 바꾸어 드립니다.
이 책의 전부 또는 일부 내용을 재사용하려면 사전에 저작권자와 펴낸곳의 동의를 받아야 합니다.

홈페이지 바로가기

메이킹북스는 저자님의 소중한 투고 원고를 기다립니다.
출간에 대한 관심이 있으신 분은 making_books@naver.com으로 보내 주세요.

내 영혼의 깃발

김인자 시집

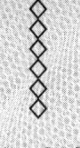

추천사

흰돌교회 담임목사 오창희

김인자 권사님과는 십수년간을 믿음 안에서 함께 교제해 왔습니다.
제가 발견한 놀라운 사실은 권사님은 그 체구(?)와 달리 아주 섬세하시고 감성이 풍부하신 분이라는 것입니다.
집에 가 보면 온갖 종류의 화초들을 가꾸고 계십니다. 저는 이름도 잘 모르는 온갖 꽃들을 아름답고 정성스럽게 기르고 계십니다. 뿐만 아니라 온갖 종류의 다양한 공예품들을 손수 만들어 진열을 해놓고 계십니다. 그 넓은 아파트가 이런 꽃과 공예품들로 가득 차 있는 것을 볼 때 그 재능과 열정에 놀라지 않을 수가 없었습니다.

이것만 해도 놀라운 일인데 권사님이 시까지 짓고 계신 시인이라는 사실이 더욱 감탄하게 만들고 있습니다.
제가 부임한 초창기에 시집을 내셨는데 이번에 또 시집을 내십니다. 더구나 이번에 내시는 시집은 사랑하는 남편을 먼저 떠나보내고 난 뒤에 출간하시는 시집입니다.
권사님은 돌아가신 집사님과의 관계가 아주 특별하신 분

이셨습니다. 부부싸움은커녕 서로를 아껴주고 서로 섬겨주는 아름다운 소문난 잉꼬부부셨습니다.

고인이 되신 집사님이 암 투병을 하실 때에는 그 힘든 가운데서도 서로를 격려하고 위해주는 모습이 마치 순애보를 보는 듯했습니다.

그리고 집사님이 돌아가신 후에도 돌아가신 남편을 잊지 못해 늘 밤마다 뒤척거리며 남편 생각으로 눈물을 흘리시는 분이셨습니다. 제가 이제는 질병과 고통이 없는 천국으로 가셨으니 편안히 생각하시라고 위로를 드려도 남편을 그리워하는 그 마음을 어떻게 해 볼 수 없을 정도였습니다.

이번에 내신 시집에는 이와 같은 남편에 대한 절절한 마음을 담은 시들도 함께 포함되어 있습니다.

권사님의 시는 그 전에도 깊이가 있었지만 지금 지은 시는 남편에 대한 절절한 그리움을 담고 있기에 한층 더 깊이가 더해진 것 같습니다.

이 글을 읽으시면서 권사님의 그 간절한 마음을 함께 느껴 보기를 바랍니다.

2024년 7월

차례

추천사   4

1장 그 시절

망초꽃	13
우리 집	14
울 아버지	16
사모곡	18
막내	20
월드컵(2002년)	22
봄비	24
참깨꽃	25
향수	26
겨울밤	28
그 시절	29
할아버지 생신날	30
동창회 모임	32
침시 감	34
할머니와 아버지	36

억새풀을 보며	38
아버지와 참새	39
소복이 쌓이는 이야기들	40
달 속에는…	41
가을	42
외가댁	43
재래시장	44
할머니 사랑	46

2장 달빛 한 줌

산수유	48
훈풍	49
봄, 봄	50
봄①, 봄②	51
삼각산	52
목련차	54
녹차 향기	56
라일락 향기	57
인동초 꽃	58
호박꽃	60
내 마음처럼	61

매화	62
모과	63
3월의 바람	64
능소화	65
봄의 서막	66
들녘	67
구절초	68
연가	69
할미꽃	70
꽃들의 얘기	71
여름	72
분꽃	73
야래향	74
자주색 목단	75
목련	76
달빛 한 줌	77
그리움	78
수련	79
알리움 꽃	80
추억	81

3장 그래도 내일이 또 있다

한 편의 시가 되어	83
인생	84
하늘 아래 첫 동네	86
기도	88
안면도	90
7월	92
생명의 향기	94
비빔국수	95
당신만을 사랑합니다	96
꿈	98
세브란스 병실에서	100
내 영혼의 깃발	102
여전히 사랑합니다	103
김 여사	104
동창들	106
점심상	108
또 다른 자식들	109
엄마와 딸	110
미운 사랑	112

내 마음	113
여행 + 라면	114
장수 만만세	116
킥킥	118
추억 만들기	119
예레 케타	120
무릎 관절 수술	121
정서진	122
거울 법칙	123
꿈꾸는 나무	124
상념	125
꿈	126
욕심 많은 부자	127
지금 당신은	128

4장 당신을 생각하면

당신을 생각하면	130
여명	131
징그러운 사랑이다	132
사랑이란 이름으로	134
망부석	135

사랑합니다 136
사랑의 흔적 138
당신과 보름달 139
인생의 끄트머리에서 140
당신 141
어디로 가나 142
당신은 누군가의
한세상이었습니다 144
단 하나의 사랑 146
당신이여 148
언제쯤 돼야 150
빈 들 152
당신 없는 세상 153
이별 154
비 오는 밤 155
어젯밤 꿈 156

1장. 그 시절

망초꽃

낙엽이 뒹구는 오솔길을 지나
가까워지는 아버지의 무덤
흐드러지게 널프러진 망초꽃

산 너머 구름 사이로
어머니 미소도 엷게 피었다
바람 스쳐 앞서가는 비탈길
꽃무더기 속에
아버지의 이야기들이 묻혀서
도란도란 들려주는데
나뭇잎 부대낌 속에 파묻힌다

눈 감으면 따스했던 추억
망초꽃 송이송이 그리움의 둘레에서
환히 웃으시는 모습
가슴에 담고 돌아서는 길
망초꽃만이 한들거리며
왔다 되돌아가는 길
환히 밝힌다

우리 집

울 아버지 지게에 얹혀서
청미래덩굴 춤을 추며
그 위에서
노랑나비는 발레를 하며 따라온다

아버지 이마에 흐르는 땀
씻어주는 바람 속에
갖가지 향기 스며들며
고단함도 잊은 채
오늘도 잰 걸음으로
고랑을 파고 씨 뿌리신다

석양을 지고 돌아오시는 길
우리 집 바둑이 마중 나가 꼬리 치며
입가에 번지는 아버지 미소

한 상에 둘러앉은 저녁상
달래 넣은 된장 냄새에
행복한 얼굴, 얼굴

따뜻한 우리 집

울 아버지

풀먹여 창호지 발라 논 문창살
따가운 정오의 햇볕에 바짝 말라
악기가 되어 탱탱 소리를 낸다

언니는 봉선화 꽃잎 따다
문살에 무늬 넣고
도배를 끝낸 아버지께서는
새 며느리 들일 생각에
고됨도 잊으시고
연신 싱글벙글이시다

줄줄이 딸만 여섯을 낳으시고
용케 일곱 번째 아들을 출산하시던 날
펑펑 우시던 엄니 얼굴의 미소
동네 잔치 삼 일 동안 양식이 푹 축났었다
그저 좋기만 하셨던 아버지.

그 막내가 예쁜 각시를 데리고 온다니
그 얼굴에 감출 수 없는 웃음으로
행복한 바보가 되셨네

울 아버지.

사모곡

두고 가는 철없는 자식들 걱정으로
끝까지 눈을 다 못 감으시고
긴-숨 몰아쉬던 어머니.

하얀 아카시아 꽃잎 떨어지듯
그 밤을 놓치시고

살아생전 늘상 부르시던 찬송가
눈물로 범벅 되어 부르는 소리
들으시나요?

담장 밑에 보일 듯 말 듯
피었다 지는 꽃처럼 가신 어머니

그래서 못난 자식들은
청개구리처럼 개굴개굴 웁니다

살아오신 팍팍한 삶을 생각하면
우는 것도 죄인임을
가슴 치며 헉헉댑니다

가시는 천성길 활짝 열려
먼저 가신 남편이랑
시부모님 형제들 모두 나와서
얼싸안아 주고
이제 안식만을 누리라고
따뜻이 위로해 주시나요

붙잡을 수 없는 시간
그때사 죄인임을 깨닫게 된 순간
새벽마다 기도하시던
순결한 모습으로 남겨준 유산

눈물을 삼키며
안녕이라 인사합니다
사랑하는 나의 어머니.

막내

저녁을 맛있게 먹은 막내
슬며시 아랫목 따뜻한 곳을 찾아
납작 배를 깔고 엎드려
장난기 가신 얼굴로
옆에 붙어 누운 누렁이만 쓰다듬고 있다

슬며시 다가가 아무 말 없이
배를 쓰다듬어 주며
엄마 손은 약손이다 엄마 손은 약손이다
몇 번을 문질러주고
식구들이 다 먹은 저녁상 설거지를 하며
안방을 향해 쳐다보니
막내는 안 보이고
여전히 누렁이만 편히 배 깔고 누워 있다

잠시 후 화장실에서 나온 막내
따, 따, 따 발소리
장난기가 흠뻑 젖은 큰소리
형아 의리 없이 나만 빼놓고 놀 거야
금방 후당탕 소리
엉켜서 집안이 다시 밝아졌다

월드컵(2002년)

축구의 룰을 알지 못하는 사람도
어린아이 노인들도
와, 와 함성으로 전국이 벌떡 일어나
잠들지 못하고
도심은 낮처럼 밤내 환해서
처음 보는 사람끼리도 축배를 든다

도대체 한 경기에
이렇게 벅찬 격정과 안타까움, 비탄
터질 것 같은 환희가
또 어디 있단 말인가
아무나 얼싸안아도 탓하지 않는
이 행복한 게임.
이것은 인간이 만든 최고의 드라마였다

월드컵이 진행되고 있는 내내
거리마다 붉은 티셔츠의 물결이 출렁대고
온 국민의 함성으로 대한민국이 들썩들썩
그렇게 8강 4강을 향해
고삐 풀린 망아지처럼 멈추지를 못했다
2002년 월드컵.

봄비

봄비 오는 소리 정답다
무쇠 솥뚜껑에
수수부꾸미 부쳐주시던
할머니 얼굴 떠오르며
달궈진 솥뚜껑에 기름과 섞여서
지글대던 소리 귀에 쟁쟁하다

빗소리는 푸드득 푸드득
창호지 문살을 때리며
삽살개는 안개 낀 먼 산 바라보며
덩달아 한 번씩 짖어 대던 밤

한 이불 속에서 숨죽이며
비밀 얘기 나누며
킥킥대던 언니들 얼굴 떠오른다

봄비는 메마른 가지마다
생명을 불어넣어 주고
또다시 새끼줄 엮듯
세월을 재촉한다

참깨꽃

다닥다닥 붙은 하얀 참깨꽃
설움의 덩이다

팍팍한 가슴으로 주저앉아
울고 싶어도 울 수 없을 때
어머니는 깨밭 고랑에 앉아
쉬지 않고 호미질하시며
당신의 한을 파고 묻고 하셨다

하얀 깨꽃이 피면은
어머니가 사무치게 보고 싶다

어머니를 아프게 하셨던 아버지
그래도 그 아버지 품에 안겨서
그렇게 당신의 한을 푸셨던 어머니

깨꽃이 피는 7월
어머니 산소 가는 길
비탈진 밭고랑에 하얀 참깨꽃
이젠 웃음으로 맞이해 주신다

향수

지지배배 사랑 찾는 숲속 새들의 소리 담고
샛강이 흐르는 고향
평화로운 새벽 기상하듯 해오름 한다

안개 자욱한 뚝방길에 앉아
찔레꽃 향기 속에
수평선 저 멀리 꿈을 띄우고

사랑스런 막내
첫 발자국 하나, 옳지 둘 셋 힘들게 떼면
식구들 모두 손뼉을 치며
낮은 담장 넘어 물보라 퍼져나가듯
웃어 재끼듯 넘어가던 아침이
선연히 떠오른다

들에는 밭갈이 하시는 아버지
뒤따라가며 씨앗 뿌리시는 어머니

늙은 어미소 힘든 숨소리
고삐 밑으로 몰아 쉬면

거품처럼 흐르는 콧물

어린 새끼 송아지는 천방지축
고랑마다 파헤치며 뜀박질해도
아랑곳하지 않고
큰 눈 껌벅거리며
한없이 사랑스럽다고 핥고 핥는다

마음 따뜻해지는 풍경 속에
날아가는 새들도
정답고 행복했던 샛강이 흐르는 고향

긴 여로의 뒤안길에서
돌아가고픈 고향
한가로이 평상에 누워
흘러가는 구름을 바라보며
달콤한 향수에 젖는다

겨울밤

바람이 몹시 사납게 불던 겨울밤
열로 들뜬 아이를 업고
신발이 벗겨지는 것도 모른 채
달려서 도착한 병원
초점 없는 아이의 눈망울을 보면서
아- 우리 어머니는
나를 이렇게 키우셨겠구나

입안이 하얗게 타서
보채고 울지도 못하는 아이를 안고
간신히 물 한 모금 넘겨 주면서
나도 모르게 무릎 꿇고 기도할 때
그때사 어머니 모습 떠올라
하염없이 울었습니다

싸락개비 내리는 겨울밤
화롯불에 젖은 양말 말려주시던
어머니가 무척이나 그리운 밤입니다

그 시절

할머니께서는 놋 솥뚜껑 엎어놓고
수수부꾸미를 부쳐 주셨다

자주색 부꾸미 속
빨강 팥들이 오밀조밀 숨어서
뜨겁다고 눈물 뚝뚝 흘린다
지글지글 들기름 고소함 속에
익어가는 부꾸미
찰싹찰싹 뺨을 맞으며 뒤집어진다

솥 둘레둘레 옹쿠리고 앉은 손주들
할머니 손 춤 따라
눈동자 굴리며 침을 꼴깍 삼킨다

뜨거운 자색 수수부꾸미
호, 호 불어 한입 깨물면
할머니 정으로 꽉 찬 꿀 팥속

세상에서 제일 맛있는 먹거리였다

할아버지 생신날

집안 가득 웃음으로 꽉 찼다
두 늙은이 절간처럼 살다가
친손자 외손자 손녀 모두 모여
할아버지 생신 축하 퍼레이드
장기자랑 한단다

쭈뼛대는 형아들 밀어붙이고
막내 손자 녀석 두서없이
먼저 넉살좋게 목청껏 노래 부르더니
흥이 났는지 이어서 막춤이다
탄력받은 형아들 그제사 서로 하겠다고
몸싸움하더니
결국은 태권도 배운 막내가 또 나섰다
태권도 시범을 보이는데
막내 모습은 어데 가고
오직 능력자로 볼살까지 흔들리며
기합소리 얍 얍 얏

태권도 할 줄 모르는 형아들
벌쭉허니 서 있고 함성과 박수소리에
막둥이 아주 신이 났다
집안 가득 웃음이 넘친다

동창회 모임

성산 전당의 외침을 듣는가
아름드리 은행나무 그늘 아래
개구쟁이 또래들 모여서
말뚝박기, 제기차기, 구슬치기, 딱지 따먹기
그때 그 놀이가 이처럼 그리움이 될 줄 몰랐지

어느새 반백의 깨복쟁이 벗들 동창회날
제각기 살아온 삶 속에 농익은 얘기들
지칠 줄 모르고 하루의 절반이 지나도
야- 임마 소리 정겹다

뒤돌아볼 틈 없이 달려온 삶
이제 조금 여유롭고 넉넉해진 마음
그래서 고향이 그립고 친구가 좋고
몸은 되돌아갈 수 없지만
마음은 아직도 그 시절 그 마음

오늘 성산의 전당에 모여
날개 달은 양 다시 그 시절
철없던 개구쟁이들 되어
호탈한 웃음이 희석되지 않은 속없는 얘기들로
모처럼 마냥 흥겹다
아름드리 은행나무 그늘 아래
성산 전당의 외침을 듣는가

침시 감

어머니는 아랫목 감독에 이불 덮어놓고
침을 담그신다 떫디떫은 땡감
소금, 된장 푼 물에 하룻밤 재우고
이른 아침 목욕시키고 나면
달고 아삭한 침시로 변한다
아침부터 분주해지신 어머니
광주리에 넘치게 듬뿍 쏟아 놓으시고
찬물 샤워시켜 놓으니 빨강 얼굴로 뽀샤사
오는 사람 가는 사람마다 입에 딸려가는 침시

기분좋게 풍성해지신 엄니
발 뒤꿈치 따라 쫄랑쫄랑 덩달아 분주해진
우리 집 바둑이도 감 하나 물고 장난치며
고추 넣은 멍석에 뒹군다

옆집 아줌씨는 텃밭에 다녀온 삼태기 안에
호박, 고추, 가지, 상추, 주섬주섬 덜어놓고
축난 자리 감을 듬뿍 채워 놓고
어이- 가네 하신다
굳이 잘 먹겠다는 인사 없어도

니 것 내 것 구분 없는 인심 속에
언제나 끈끈한 정으로
침시가 빨개지는 내 고향

할머니와 아버지

할머니 기침 소리 밤내 멈추지 않고
날선 겨울밤 문풍지 두드리는 바람소리
잠 못 드는 아버지 가슴에 돌덩이 같은
수심으로 내려 앉아
앙상한 나뭇가지 아래로 새어든 달빛만
장독대 위에 덩그럽다

초저녁 할머니방 아궁이에 겻불 잔뜩 밀어넣고
천천히 타들어가는 화기처럼
자맥질하는 아버지 깻단 타는 가슴이다

어느 저녁 급체로 업고 달리던 할머니
수수깡처럼 바짝 말라 너무 가벼워서
한없이 울어야 했던 아버지

쇳소리 같은 기침 소리
덤불 속 철새도 놀래서 밤새 부석거리고
곰방대에 꼭꼭 눌러서 한 모금 빠는
봉지 담배 연기처럼
수심에 찌든 아버지
뒤척이며 마냥 타들어가는 겨울밤

억새풀을 보며

억새풀을 보며 아버지가 겹쳐온다
강바람에 춤추는 억새
아버지 백발처럼 서럽게 흔든다

쓰러질 수 없는 운명
바람과 맞대결하며 비틀비틀
쓰러졌다 다시 일어섰다 꺾어질 수 없는 아버지

부지런함을 무기로
한평생 꼿꼿한 의지
선한 끝은 있느니라 강론하시던 아버지
욕심 없는 착함 속에
오직 자식 욕심뿐이셨던 아버지

억새풀 앞에 걸음 멈추며
철새떼 무리져 해안을 덮고
낙조의 강물 속에 어리는 모습
그 아버지가
무척 그리운 저녁입니다

아버지와 참새

봄빛 속에 숨어온 바람

누렇게 익어가는 보리밭
일렬로 쓰러질 듯 춤을 추고
참새들도 덩달아 신이 나서 짹 짹 짹
떼를 지어 염치없이 보리밭에 앉으며
울 아버지 목 쉰 소리 훠이 훠어이

추운 겨울밤에도 간간히 나와
꼭꼭 밟아주고
해동에 거름지게 등골 빠지게 날라다주고
익어가는 들녘을 바라보며
자식들 배 채워줄 넉넉함에
날마다 흥이 나셨던 아버지

목 쉰 소리 훠이 훠어이
들녘에 퍼져가며
푸드득 쫓겨가는 참새 떼
아버지와 힘겨운 씨름이다

소복이 쌓이는 이야기들

해질녘 햇빛 잠시 쉬다 떠난 자리
겨울바람에 마른풀 버석거리며
날개 작은 철새
깃털 묻고 둥지를 튼다

어둠이 내려 앉은 장독대 위로
싸락개비 소리 없이 내리고
아린 가슴 포개며
손잡고 달래주시던 엄니 미소 다가와
환하게 밝아오는 마음

사무치게 그리운 저녁
엄니가 들려주시던 자장가 소리가
소록소록 내린다

깊어가는 겨울밤
따뜻한 가슴에 안겨서 잠이 들면
장독대 위로
소복이 쌓이는 이야기들…

달 속에는…

달 속에는 많은 얼굴이 있다
가장 큰 얼굴
내가 지쳐 잠들면
인자하게 다가와 웃으시는 얼굴

달 속에는 많은 이야기가 있다
지금도 선명하게 들려오는
행복한 소리
사랑하는 내 딸아
엄마의 음성 따뜻하다

달 속에는
달 속에는

숨겨둔 나의 비밀의 노트처럼
이따금씩 꺼내보는 앨범처럼
달 속에는 많은 얼굴이 있다

가을

텃밭 감자꽃 소박하게 피고
멍석 위
가즈런히 누운 빨강고추
들녘
널브러진 가을 걷이들

아버지 노고의 결실들이다

바빠지는 두 분 잰걸음 재촉하며
세월 엮어
계절을 늘여서 살고 싶어 하신다

돌담 위 박꽃
속없이 활짝 피어서
하얗게 자지러진다

외가댁

봄부터 여름방학만을 손꼽아 기다리다
방학이 되자마자
숙제 보따리 챙겨 외가댁에 갔던 추억

원두막에 누워서 숙제를 하다 잠이 들면
온 들녘으로 퍼지는 매미소리
시원한 바람 볼을 간지럽히고 향기롭던 외가댁

잘 익은 수박 참외
외삼촌과 끼니 삼아 먹고
오줌 싸는 꿈을 꾸다 깨어나면
앞 논가에 개구리 울음소리 정겹던 외가

솜씨 좋은 외숙모
늙은 오이 채쳐서 고추장에 묻혀주면
보리밥에 썩썩 비벼서
입이 터져라 먹으면
외할머니께서 안 뺏어 먹닌까
조신하게 먹그라 고마 입 찢어지겠다
모두가 정겹던 외가가 그립다

재래시장

골목안 재래시장 우리 동네 얼굴이다
그곳에 가면 옆집에 살면서도 볼 수 없던
이웃을 만나 인사도 하고
누구 엄마가 병원에 입원했다는 얘기
누구네 부부싸움한 얘기까지
그것도 쑈킹한 이유 때문이라면서
무척 고소하다는 표정
그렇게 잘난 척 귀부인인 척하더니… 쑤근쑤근
살아가는 생생한 소식들로 시끌법석거린다

팔려는 사람과 사려는 사람
흥정으로 활기가 넘치는 늦은 시간
파·시장은 더 치열하다
재고정리 하려는 상인과
조금이라도 더 싸게 사려는 알뜰함
이들의 흥정은 언제나 적정선에서
합의를 보지만 모두의 얼굴엔 정이 넘친다

지는 해 등지고
돌아가는 발걸음 재우쳐지면
골목 안 불빛 하나둘 꺼지고
고단한 하루가 마무리된다

할머니 사랑

창밖엔 함박눈이
소리 없이 내리고

아직 귀가하지 못한 아버지
기다리시는 할머니 가슴 탄다

화롯불 위의 뚝배기 속
된장 달궈지는 냄새
짭쪼롬히 온 집안에 가득 찬다

할머니 사랑
보글보글 끓어 넘친다

2장. 달빛 한 줌

산수유

꽃잎에 사뿐히 내려앉은 아침 햇살
메마른 가지마다
노랑 꽃망울 터뜨려
향기로 번져 가는 아침

어느 임 가슴에
그리움으로 뭉쳐서
달달한 향기 품고
뒤척이는 밤마다 눈물 되어
유린하는 사연인가
알알이 터져서 향기로 뒤덮는 아침

봄의 전령 산수유
아직은 찬바람 스산한데
쏜살같이 달려와
봄을 지휘한다

훈풍

새벽 별이 뿌리고 간
안개 속
소리 없이 이슬비가
마른땅을 촉촉이 적신다

비에 씻긴 말간 얼굴
청명한 아침
햇살 아래 살풋한 설렘

물방울 진주 되어
꽃잎에 미끄러지면
향기로운 훈풍

지평을 열어
봄문 활짝 연다

봄, 봄

긴, 겨울 잠자다
산사의 돌무덤 오솔길에
성급하게 삐죽 얼굴 내민
노랑 복수초 꽃

아직은 듬성듬성 덜 녹은 흰 눈 속에
더 요염스럽고 경이롭다

마른 가지 위
까치가 푸드득 날으며
저만치서 달려오는 봄, 봄

이내 산사는
아침 안개 속 꽃향기에 젖어 흥건하다

이따금씩 나지막하게 들려오는
경전의 불경 소리와
부지런한 동자의 빗자루 소리가
묘한 화음으로
고요를 깬다

봄 ①

층층히 쌓은 옹벽
푸른 이끼로 옷을 입었다

어렵사리 지탱하며
힘들게 핀
노랑 민들레 꽃 한 송이
나비를 부르며
회색빛 담장에 살며시 봄이 된다

봄 ②

담장 넝쿨 속에 숨어서
봄이 나풀대고 온다

아침 이슬에 젖은
분홍 나팔꽃
초롱하게 웃는다

삼각산

가슴 넓게 펴서 하나로 안았다
고고한 백운봉 고개 넘어
숨소리 죽인 인수봉

역사의 협곡을 넘고 보니
국망봉 망경대
남으로 줄기차게 뻗어
한강 건너 남한산성

백운 인수 국망봉
하늘 아래 이런 절경 조화
또 어디 있으랴
이름하여 삼각산이로다

아-아
인조 임금의 고난
병자호란 속 청나라 청 태종에게
왕관 벗고 삼배구고두
웬 말인가

목숨 연명코저 권위 버리고
머리 숙였을 비통함
충신: 김상헌, 홍명구, 유림 등등

한숨으로 내려앉아
역사의 질곡진 고통
묵묵히 담아
천년 바위 되어
후손들의 가슴에
표표히 바람 소리로 외치는구나.

목련차

투명한 유리잔 속 빛고운 목련차
입술을 적시며 온몸으로 천천히 스며들어
행복하게 하시는 은은한 향기

높은 가지 끝에 장대 걸고
봉오리만 따서 한 잎 두 잎 정성으로 말려
보내주신 당신 마음을 읽습니다

향기면 향기 색깔이면 색깔
어느 차에 견줄 수 없습니다

또한 당신 사랑 무게도 달 수가 없습니다

섞이지 않은 색깔 보태지 않은 향기
음미하고 감탄하며
하루 피로가 다 씻겨
살포시 번지는 충만한 행복

말동무 없이 혼자 마셔야 할 것 같은
작은 명령 같은 유혹
창밖 하늘을 보며
목련차 향기에 푹 젖는다

녹차 향기

투명한 유리잔 속에
초록의 향기로 피어난 녹차
따스함으로 가슴 적시며
향기로움에 오후 느긋함이
이리도 행복한 시간

하품을 길게 하며
굳이 친구 없어도 여유로운 즐거움

오디오에서 울려 퍼지는
박정호 님의 난 널 사랑해
난 널 사랑해

달콤한 소리만이
온 집안에 꽉 차서
살며시 눈을 감고
녹차 향기에 젖는다

라일락 향기

스산한 바람 휘둘러 왔다
속절없이 라일락 꽃봉오리 터뜨려
주체할 수 없는 향기 쏟아 놓으며
골목만이 향기로 흥건한 밤

이 밤 임이 오셨으면 좋겠네

뜨락에 내려 앉은
달빛 속에 하얀 라일락 자지러지게 피면
임의 품에 안겨서 잠들었으면 좋겠네.

라일락 꽃은 피었다 지고
졌다가 다시 피네
인생은 한 번 피고 나면 그만인 것을…

길 잃은 바람 따라
향기가 담장을 넘으면
향기 따라 임이 오시려나

인동초 꽃

고운 임 오시는 길 이리도 아득하여라
불사를 것 같은 칠월 햇볕과 맞서
이윽고 수줍은 듯 다소곳이 핀 인동초 꽃

정오의 한나절
간간히 스쳐가는 바람에
긴 꽃술 속에 감춘 비밀을 들킨 듯
얼굴 붉히면
넝쿨로 제 몸 칭칭 감고 허둥대고 있구나

분홍의 아리송한 미소 뒤에
애절한 그리움으로 허물 벗듯
벌거숭이 몸 알로
한 잎 두 잎 떨어져 뒹구는 혼절함

바람 불어 가슴 할퀸 서러운 날
반백 년이 허탈하게 무너지는 노곤함이여
이제 추억의 빗장을 잠그고
등불 하나 매답니다
고운 임 오시는 날
부끄러움으로 핀 인동초 꽃

호박꽃

치장하지 않고 섞이지 않고
오롯이 핀 꽃
진심으로 뉘우치는 눈물 같은 순수함
지극히 온화한 가슴
따뜻한 노랑 꽃술에
살포시 날아와 앉은 나비

자기 방 모양 능청스럽게 쉬었다 가면
수정되며 화려한 변신을 한다

척박한 땅에서도 새끼줄 하나 의지하고
땡볕과 당당히 싸우며
이윽고 진연두 호박을 달고
온몸으로 햇볕 바람을 받아 익히며

또 다른 노란 세상
둥글둥글 마냥 커져카며
날마다 호기롭다.

내 마음처럼

해 질 녘 동구 밖 논가에서
함성처럼 울어대는 개구리 울음소리

여문 별빛들 쏟아지면
밤이슬 헤치고 그 임이 오시려나
옥수수 잎 수런대는 길 따라 나서며
더욱 요란스럽게 울어대는 소리
내 마음처럼
밤 새워 울고만 있다

아픈 달 기울면
하나, 둘 떨어지는 별똥별
언덕 위 교회당에서
덩그러니 들려오는 종소리

창문에 흔들리는 그림자 밟고
동터 올 때까지
긴, 긴, 사연으로 목 멘다

매화

겨울은 봄을 품고 산다
설원의 눈 속에서도
겨울과 봄 사이를 가늠할 수 없는 성화로
속절 없이 매화는 피고

눈먼 사랑

계절을 잃고 더듬어 간다
무채색 눈밭에 철새
시린 발 한쪽 들고 서서
먼, 산 넘어 떠날 준비로 외롭다

눈먼 사랑
허기진 기다림에
탈진한 나의 등 뒤로 얼굴 묻고
매화가 지기도 전에
석양 아래 눕는다

모과

뜰 안을 가득 채우고도 남은 향기
동구 밖까지 넘쳐서
온통 향기에 젖은 마을

못나서 외면당하니 향기로 유혹하는가

유리병에 차곡차곡 썰어넣고
설탕에 재워서
겨우내 반가운 이 오면은 차로 대접하고
손자 녀석 감기 들면 약으로 쓰리라

시어머니와 며느리
햇살 좋은 뒷청에 앉아
도란도란 모과를 썰면서
같은 생각을 한다
약이 아닌 차로만 써도 되겠다고.

짙은 모과 향기 속에
빛바랜 가을이
저만치 비켜 간다

3월의 바람

대지의 기도 같은
그 지순한 훈풍 앞에
은총처럼 날마다 넓어지는 잎새

이슬방울 이고서
춤을 추듯 들며 또그륵 굴려
수정 같은 방울방울로
토박한 땅을 적셔

이윽고 싹트는 생명의 환희

꽃길 따라
이리도 고운 세상 여는
3월의 바람
싱그러운 합주를 하며
축제를 준비한다

능소화

구중궁궐 여인들 가슴이다
담장 너머 다른 세상 훔쳐 보며
얽히고설켜서
요염하게 선붉은 가슴으로 터졌다

사랑의 화신이라

불타는 9월 뙤약볕 속에
졸고 있는 오후
살며시 불어주는 바람에도
주체하지 못하고
너흘너흘 춤추며 한을 삭이듯
가슴 풀어 눈물로 피어나는 능소화

임의 발자국 소리에 애가 타
작은 한숨으로
담장에 붙어 몸부림이구나

9월 가는 너의 끝자락
기다림에 지쳐 낙화되는 절규다

봄의 서막

아직도 흰 눈이 더러 남아서
겨울 산을 지킨다
짧은 해 산자락엔
졸, 졸, 졸 흐르는 여울 물소리
듬성듬성 깨진
얼음장 밑에 숨어서 재잘대며
어디선가 날아온 산비둘기
바람속에 구구구 노랠 묻고 떠난다

계곡 아래
뽀얗게 물오른 갯버들
망울진 꿈으로 설레고
양지바른 언덕엔
진달래 봉오리 터질 듯
봄을 재촉한다

이제 곧 봄의 서막이 울리며
이 산 저 산 흐드러지게 필 꽃천지
향기 진동하며
4월이 달려온다

들녘

빛고운 들녘
북풍 바람 앞에 머리 휘날리며
마른 입술 적시고
하늘과 맞닿을 듯 쓰러지는 지평선
숨 고르며 생명을 담는다

땡볕 비, 바람 견디고
제철 살다 떠난 자리마다
여물어가는 결실 풍요로 익어간다

부대끼던 세월의 흔적
내려놓고
아픈 그림자로 달군 가슴
초원에 눕는다

구절초

연보라 구절초 가냘픈 목을 숙이고
슬픔에 잠겼구나
서리 내리는 밤이면
너의 세상 접으며 쫓겨 가듯
눈물처럼 뚝뚝 떨어지는 꽃잎

들판에 흐드러지게 피어
바람의 희롱에 이리 비틀 저리 비틀
진한 향기 날리며
다음 세상을 꿈꾸는구나

연보라 구절초
가을 지나 겨울 되면
면면히 이어가는 굳은 절개요

연보라 구절초

연가

솔잎 사이로
쏜살처럼 스쳐 지나가는 바람처럼
가슴 시린 사연들
들꽃처럼 살아온 어제와 오늘

들녘에 허리 굽혀 핀
수수꽃다래처럼
알알이 살아가는 인생

풀벌레 울음소리에도
설렘으로 잠 못 들고 뒤척이며
살포시 피어나는 그리움

할미꽃

안개 속 고즈넉한 비탈길 너머
넉넉히 풀어놓은 석양 아래 할미꽃
질곡의 삶 세월의 강에 띄워
조금 쉬다 떠난 자리

지천으로 깔린 꽃잎 위에
아스란히 밟히는 낙엽처럼
지난 시간의 통한
내 안에 밀물 찼던 욕망

정지의 시간 아픔으로 일어선다
깃발처럼 펄럭이던 삶
광대의 줄타기처럼
위태롭게 나를 막아 섰던 현실들

알싸한 통증으로 목젖을 타고
가슴으로 번진다
안개 속 고즈넉한 무덤
죽음으로도 또 못다 한 통한
고개 숙인 할미꽃으로 피었다

꽃들의 얘기

한련화 꽃이 매어놓은 새끼줄 타고
올라가 화사하게 피어서
화단 아래 꽃들을 바라보며 호기롭다

키작은 채송화
땅에 붙어서 어두칙칙한 땅을 덮고
꽃분홍, 노랑 고운 색색으로
귀엽게 웃으며 백일홍에게 묻는다
백 일 동안 핀다고 자랑 말아
내년에 다시 살아날 수 있니

옆에 봉선화 꽃이 잘난 척
나는 사람들 손톱에
예쁜 물을 들여 준단다
분꽃도 당당하게 나서며
나는 저녁밥을 할 때를 알려준단다

꽃들은 꽃들끼리 시샘하면서
어우러져 제철 살다
씨앗만 남기고 내년을 기약한다

여름

계곡물에 난실난실 춤을 추듯
나뭇잎 하나
물살 타고 요리살짝 조리살짝
흘러 흘러간다

계곡의 바람소리에 묻혀서
물소리도 조잘조잘 흩어지고
청명한 새소리도
나뭇잎에 묻힌다

한나절 태양은
속절없이 계곡의 바위를 뜨겁게 달구고
청설모 한 마리
온 산을 휘젓고 먹이를 찾아 헤매며
여름 볕은 벌써
노을로 눕는다

분꽃

초록으로 몸 풀어서
향기로 젖어오는 설핏한 오후
한낮 뙤약볕에 늘어진 옥잠화 잎
바람에 부대끼며 몸살로 숨 죽인다

얄밉도록 고운 눈매로
꽃분홍 노랑색 분꽃
방긋이 웃으며 터진다

서녘마루 해 떨어지는 시간을 알려주는 꽃

산허리 굽돌아 온 바람
왔던 길 다시 굽돌아 가고

속살거리는 꽃들의 유희 속
고개고개 넘어 시집간 언니
신행 오던 그날 모습 같다

야래향

보일듯 말듯 잎에 가려
꽃잎은 숨어서 향기만 내뿜는다
화려하지 않아서 더 사랑스러운 꽃

다시 퍼올린 긴- 여정 돌아
어느 날 철든 아이처럼
순응하는 법을 터득해 느슨하게 편해진 날
방황의 맨 끝자리 조바심에서
한참 많이 의연해진 내 나이를 본다
야래향을 닮고 싶어 한다

이토록 작은 꽃이
어이 그 큰 향기를 품을 수 있단 말인가
되바라지지 않게 가녀린 꽃대에 매달린 꽃잎
다섯 잎으로 갈라져 별을 참 많이 닮았다

지쳐가는 기다림에 선잠 설치는
친구에게 예쁜 병에 담아 전해주고 싶다
착해진 나의 우정이여
야래향이여

자주색 목단

보름달만큼 꽉 차서
설레임으로 핀 꽃
5월 정원에 정녕 여왕이로다

그러나 너의 계절은 너무도 짧아
벌써 5월 다리를 건너
나를 아쉽게 하며
도도하게 낙화되는 꽃잎

솟구치는 이 사랑 모르는 척
매몰차게 떠난 그 임을 닮은 꽃
한아름 그리움으로 피었다
다시 그리움만 남기고
정오의 뙤약볕에
훨훨 옷을 벗고
너흘너흘 춤추며 떠나는 매정한 꽃

자주색 목단

목련

응달진 담벼락 밑
아직도 남은 눈이 민망한 듯
깨금발로 뛰어온 3월

건넛집 마당에
장승처럼 우뚝 선 묵은 목련나무
오늘 아침
시답지 않게 온 봄비에
묵은 먼지 씻어 내리고

이제 막 치장을 끝낸 새악시처럼
봉긋한 가슴 터뜨리며
3월 아침 햇살에 바람나서
입 벌려 너의 계절을 다스리는구나

그래
3월은 정녕 목련의 계절이다

달빛 한 줌

이슬에 촉촉이 젖는 오솔길
아련한 추억 업고
혼자 걷는 이슥한 밤
달빛 한 줌
달맞이 꽃 속에 숨어 길을 밝힌다

나뭇가지 위 잠자던 새 한 마리
놀래서 푸드득
숨죽인 적막 깨고
스쳐가는 바람을 앞서 간다

달빛 한 줌
천천히 걷는 오솔길
언제나 외로운 길이다

그리움

그대 곁에 머물고 싶은 밤
따스한 가슴 포개며
들려주던 노래 하얀 그리움
달빛에 싸서 꽁꽁 묶어
내 가슴에 묻는다

세월의 강
쉬지 않고 흘러흘러가고
흔들리는 믿음에
확인하고 싶은 마음
도래질하며
길게 써 내려가는 편지

그대 곁에 머물고 싶은 밤
반짝이는 별빛만 내 가슴에 묻는다

수련

물안개에 젖어 고개 숙인 수련
태초의 눈매 같은
청초한 모습으로
먼- 기억 되살려
한나절 태양 아래 솟구치는 너
눈물 되어 탄식으로 맴돌다
수면에 빠졌구나

날아가던 잠자리
꽃잎에 앉아 파르르 떨며
그리움으로 혼절하며
거기 상실한 추억들

연밥 되어
또 다른 그리움을 태동하는구나

알리움 꽃

제각기 다른 망울망울로
하나의 봉오리로 뭉쳤네
화려함으로 겹겹의 꽃잎 알리움 꽃

혼자서는 너무 연약하고 외로워
앙증맞은 꽃잎 송이송이
오밀조밀 뭉쳐서
한 송이 꽃이 되었네

긴 목 쭉 뽑고
외로운 사슴처럼
아니 공같이
탐스런 한 송이 꽃으로
만 가지 사랑을 알알이 담고
보랏빛으로 도도하구나

추억

탁자 위 진한 커피의 향처럼
감미로운 음악 선율 따라
잊었던 생각들이
모락모락 피어나는 햇살 좋은 오후

모두 다 지워진 줄 알았는데
이따금 아려오는 가슴은 무엇이란 말인가
꽃병에 담뿍 꽂은 안개꽃
당신의 아리송했던 미소를 닮았네요

햇살이 염치없이 밀고 들어오는
창문에 기대어
가만히 불러보는 이름
낯설은 메아리 되어 바람 속에 숨는다

그리움이 아니면서
한 번씩 꺼내보는 앨범처럼
가슴 닫고
식은 찻잔 추억과 함께 마신다

3장. 그래도 내일이 또 있다

한 편의 시가 되어

진부한 사탕으로 얼룩져
지친 영혼을

나는 당신으로 인해
한 편의 시가 되어
어린아이 맑은 영혼처럼
아침 이슬 헤치며
당신 맞이하러 갑니다

존재함으로 감사하며
더 바람 없이
거기 그렇게만 있어도 족하오니.

전깃줄에 나란히 앉아서.
지지배배 하는 저 새들처럼 노래하며
아침 햇살에 배시시 웃는
채송화 얼굴 되어
당신 곁에 있으리.

한 편의 시가 되어

인생

여우비 속에 홀랑 뒤집어진
비닐 우산처럼
힘없는 할아버지, 할머니

기승부리던 한더위 덜어준 여우비.
비에 씻긴 나뭇잎
시원한 바람에 싱그럽게 춤을 춘다

7월 한나절
여우비에 황망히 쫓겨갔다
다시 삼삼오오, 둘레둘레
놀이장으로 모여 앉아
하다 말던 놀이에 몰입되어
세월 잊고
장이야 멍이야 윷이야 던지고 받으며
내일 염려 안 하신다

무성한 무른 나뭇잎
어느 날 가을 되어
낙엽 되어 떨어진다 해도

그건 그때의 순리이기에
결코 미리 걱정 안 하신다

비둘기 떼 꾸룩꾸룩
할아버지 할머니 군것질 부스러기
얻어먹는 것에 익숙하여
천연스럽게 다가와
배 채우고 유유히 날아간다

오늘 함께 노시던 친구
하루 이틀 안 보여도
아픈 겐가? 아니면 그새 간 겐가?
깊이 생각하며
마음 아프려 하지 않는다

그냥 모인 친구끼리
오늘도 윷가락 높이 던지며
또 하루를 엮었다는 안도.
해 질 녘 돌아갈 수 있는 집과
가족들이 있다는 것에 감사하며.
휘적휘적 걸어가시는
뒷모습이 애잔하다

하늘 아래 첫 동네*

모처럼 나선 여행길
비바람이 길을 막는다
몇 집 없는 하늘 아래 첫 동네
이름도 예쁜 정감 있는 마을
비가 그치기를 바라며
하늘만 쳐다보고 있는대
삭은 지붕 위에 박꽃이
비에 씻겨 하얀 미소를 보낸다

제법 거세지는 무심한 빗소리.
고요히 잠든 것 같은 마을을 깨우며
전깃줄에 나란히 앉아 있는
비에 젖은 참새들마저 순해보인다

처마 밑에 받쳐 놓은 양동이에
떨어지는 빗소리 곡조를 타고
모처럼의 휴식에 노래가 되어
마을을 평화롭게 한다

하늘 아래 첫 동네

* 지리산 계곡 안에 있는 마을

기도

모르는 것조차도 모르는
이 무지한 죄인
오늘도 다스리시고 용납하소서.

내가 사망의 음침한 골짜기를 다닐지라도
두렵지 않은 것은 주가 지키심이니이다

날마다
불기둥, 구름 기둥으로 인도하시매
오늘도 당신 앞에 마음 조아려
축복하시기를 기도합니다

날 붙드소서 날 고치소서 날 살피소서
날 채우소서. 날 용서하소서.
이른 비와 늦은 비로 축복하소서.
내 입의 말과 묵상이 주 앞에 열납되어
이윽고 새롭게 하소서.

모르는 것조차도 모르는
무지한 이 죄인
오늘도 다스리고 용납하소서.

아멘. 아멘.

안면도

사람의 도전을 막지 못한 서해대교
감탄으로 건너 천수만 방조제를 달려서
환희로 만나는 정점 안면도

눈이 시리도록 반사되어
반짝이는 설원
어느 임 가슴앓이 토해 놓았나
가지마다 선혈처럼
뭉탱이 뭉탱이 붙은
베레칸샤시 나무 빨강 열매
어우러진 눈밭에
어린 짐승들 발자국만
천방지축 난무했을 뿐
아무도 범접하지 않은 고즈넉한 설원

오직 하늘만 사모하는지.
곧게 곧게 쭉쭉 뻗은
잘생긴 해송들

이름도 예쁜 꽃지섬
해변 따라 가노라니
해 넘어 소금밭 뒤로 떨어지는 낙조
보석처럼 반짝이고

마음은 해안선 따라 달려가니
어느새
옛 추억에 잠겨 잊고 있던 그 이름
나지막히 불러 보지만
성난 겨울 바다 앞에서
잘게 부서져 파도가 삼켜버리고
뒤돌아서서
백사장에 발자국만 남기고
여정에 하루를 접는다

7월

칠월 불볕더위 속 땀에 흠뻑 젖은 삼베적삼
맨살에 착 달라붙어 남자 같은 어머니 골격을
감추지 못하여 민망하다

저만치 앞서가는 형님 등짝을 보며
잽싸지는 호미 춤
콩, 팥, 고랑에 악의 없는 추격전에
흙먼지 손등에 땀방울은 얼룩진 그림을 그린다

가끔씩 인심인 양 불어주는 소슬바람에
한 번씩 숨 돌리며 불러보는 노래 장단
(앵두나무 우물가에 동네 처녀 바람 났네)
앞서가던 형님 밭고랑에 풀썩 주저앉으며
어이, 물 한 모금 먹고 쉬었다 하세나

형님 동서 마주보며
머리 수건 벗어 서로 땀 닦아 주며
힘든 마음 훔쳐볼 때
송림 속 뻐꾸이는 시절좋게
뻐국 뻑뻑국 위문 공연 나왔다
어느새 서산을 넘는 태양
콩, 팥 고랑에 스며들면
7월은 땀으로 익어간다

생명의 향기

구름 사이로 끼어들다 남은
쪽 달빛 아래

잔잔한 바람이 깔아 놓은
나무 사이로 풀 향기 스며들며

살며시 창문 열어
정갈한 마음으로
방 안 가득 욕심 내보는
생명의 향기

착한 바람 더 많이 갖고 가라고
인심 좋게 슬쩍슬쩍 불어주면
새벽이 올 때까지
풀벌레 소리와 신선한 향기 속에
하얗게 표백된 마음을 만난다

비빔국수

밥맛 없다는 남편을 위해
국수 삶아 김치 송송 썰어 넣고
고추장 옷을 입힌 비빔국수

햇볕이 눈부시게 쏟아지는 정오
창가에 고양이도 졸고 있고
말없이 후룩후룩 소리
그건 입맛에
딱 맞고 맛있다는 것

간장 달라 참기름 달라 하면
뭔가 부족한 맛에
투정 부리는 불평 소리

햇볕이 나른한 오후
추가 주문 없이 평화다

당신만을 사랑합니다

하얀 면사포 속 안개 같은 미소 속에
파르르 떨던 가슴
지금도 그대로 내 가슴에 기억되고 있습니다

행복하게 해주겠다고
손가락 걸며 약속한 말도
잊지 않고 있습니다

세월의 강을 넘고 넘어
함께 발맞추며
주름진 얼굴로 마주 앉은 당신 앞에
아무 말도 못하는 나를
당신은 쳐다만 보고 있네요

다음 생에 또 만나지 말고
다른 사람 만나
호강하라는 허탄한 소리
아니 또 당신 만나기를 소원한다면
고백이 되겠습니까.

당신만을 사랑합니다

꿈

얕은 물은 흐르지 못하여
고여서 갈증으로 몸부림이다
조금만 바람 불어도
얕은 물 속 돌들은 제 몸 감추지 못하고
서로 부딪히며 아우성이다

그래도 날아가다 지친 새
물 한 모금 먹여주고 행복해한다

오늘도 얕은 웅덩이는
한줄기 소낙비를 꿈꾼다
호수처럼 물을 잠가 두고
각가지 고기들을 키우고 싶어 한다
수초도 키우고 싶어 한다

그래서 얕은 물은 꿈을 꾼다
꿈속에서 날마다 목마르지만
꿈은 꼭 이루어진다고 믿는다

풍성히 나눠주는
아름다운 꿈이기 때문에…

세브란스 병실에서

꺼져가는 생명의 불꽃 심지 돋우어
마지막 화력을 다하듯
용트림하며 고통으로 범벅된 밤을
보듬어 안으며 달래본다

하얀 벽에 부딪혀 숨가쁜 호흡
간결한 시계 소리 땡, 땡 두 번 울리고
울림은 모두 잠든 복도를 따라 908호실
병실 안으로 소름처럼 스며든다
허리 등짝에 찬 생명 연장의 도구들
엇갈려 비비 꼬인 링거줄 서로 겹쳐 힘겹다

가파른 숨을 몰아 쉬면 뒤돌아보는 시간
모두가 후회로 뼛속을 헤집지만
끝내 포기할 수 없는 변명을 붙여보며
소생한다면 생각뿐이었던
모든 것을 꼭 실천하며 살겠노라

또다시 공격해 오는 염치 없는 진통
다만 이 밤이 어서 가고

새 아침을 맞이하고 싶다는 단조로운 소망뿐
거짓투성이인 나를 고백시키며
고통으로 헝클어진 밤이 가고
커튼 너머로 동이 터온다

                                                (위암수술 받고)

세브란스 병실에서

내 영혼의 깃발

생명과 생명의 거룩한 융화 위에
그 빛 충만히 내리우고
마른 가지마다 꿈꾸던 시간

이제 추억마저 침묵해 버리며
아픈 가슴 한 점 한 점 떼어 놓는
내 영혼의 깃발

무겁고 척박했던 시간
안으로만 접어드는 언어들
이끼의 부대낌처럼 파도친다

마른 가지마다 꿈꾸던 시간
낙엽 위에 겹겹이 눕는다.

여전히 사랑합니다

석양을 앞세워
황혼으로 저물어 가는 당신
어느새 검은 머리에 서리 내리고
돋보기 너머로 나이테 같은 주름살
그 주름살마다 당신이 살아온 사연들
내 가슴을 아프게 합니다

가장이란 이름으로
천천히 살 수 없었던 당신
자신을 제어할 수 없었던 질주의 삶 속에
어느새 칠순을 바라보고 서 있네요

젊은 날 풋풋했던 사진 속의 모습
멋지고 매력적이지만
지금 이 모습도 처음과 끝이 당신이기에
여전히 사랑합니다
황혼으로 저물어 가는 당신

김 여사

오랜만에 외출 준비하면서
벌써 들뜬 가슴
거울에 비친 수분이 없는 얼굴
기초 화장 토닥거리며
무엇을 입을까
살짝 유행 지난
벽에 걸린 옷을 보며 잠시 우울했지만
머리에 빵빵하게 뽕을 넣으며
조금씩 화사해지는 얼굴에
이내 미소를 되찾으며
자 나가신다 김 여사

반짝이 의상
반짝이 테 선글라스 걸치고
십여 년 전 남편이 아껴둔 용돈으로
생일 선물로 사다준 빨강 빽
빳빳한 지폐 20장 세어 넣고
뚱뚱해진 지갑에
휘파람까지 불며 출타시다

아이고야
마른하늘에 날벼락 같은 천둥소리
아침 뉴스에 비 온다는 일기예보 없었는데
황당한 소낙비에 쫓겨서
되돌아서
거울 앞에 선 김 여사

이게 모꼬 내 팔자에 뭔 쇼핑
짜장면이나 배달시켜서
화풀이하며 달래야겠네

김 여사,
그래도 내일이 또 있다

동창들

파주 통일우체국 수련원
칠십 넘은 동창들
2박 3일 휴가 받아왔네

제각기 솜씨 자랑하며
준비해 온 만찬 앞에
다이어트 계획은 이미 무너졌고
먹고 또 먹고 웃고 또 웃고 풍성하다

어머니 할머니 타이틀 다 내려놓고
망가진 모습에
스스로 재미있어 하며
아무 구속도 없는 공간에서
배불러 운동한다며
출렁이는 뱃살도 아랑곳하지 않고
음악에 몸을 맡기고
내복바람에 기분대로 야단났다

깊어가는 겨울밤 아쉬워하며
밖에는 소리 없이
함박눈만 내리고 있다.

점심상

계란찜
덥석 밥을 넣고
비빔질해서 먹자고 내민다

나는 비벼 먹지 않고
그냥 담백한 계란맛을 보려 했는데…

식탁 위 반찬 이것저것 질척하게 넣고
빨강 얼굴이 된 점심밥.
식욕이 땡기지 않아
안 먹겠다 하는 나를 힐끗 바라보며
그이도 기분 좋지 않게
꾸역꾸역 먹는다

삐그덕거리는 위험 신호
싸움은 피해야겠다 싶어
아무 말 없이
수저 소리만 달그락거린다.

또 다른 자식들

스무 살의 봄날은 가고
서른 살에 엄마가 되어
마흔 살에 학부형이 되고
오십에 짐을 내려놓나 싶었는데
육십에 배 아프지 않고 난
또 다른 자식들이
장모님, 어머니 하며 안겨드네.

참 열심히 달려온 삶
해 저문 쪽마루에 앉아
주름진 남편 얼굴 쳐다보며
참 많이 고생했다고
살며시 잡아보는 손
늘 감사한 마음으로
모두가 하나님 은혜였고
당신 덕분이었다는 고운 마음

곰삭은 얘기 나누며
황혼을 함께 걸어가면서
평온한 하루가 저문다

엄마와 딸

사는 것이 옹색해 저 하고 싶은 것
다 못해준 마음에
더 품고 못다 한 정 나누며 살려 했는데
어느 날 불쑥
엄마 나 좋은 사람 있어
덜컹 내려앉는 가슴에
밀물처럼 몰려오는 회한
목구멍까지 아무 말도 할 수 없었던 순간
다시 던지는 비수
엄마한테 짐 주지 않고
그냥 형식만 취하려고
긴
여운이 가슴에 박혀서
너덜너덜해진 가슴 위로
딸년 얼굴이 큰 바위 같다

그리고 며칠 후
덩치 좋고 인상 좋은 녀석 뒤로
딸년이 너스레 웃으며 함께 들어온다

철렁 내려앉는 가슴
믿어도 될까 아껴주고 사랑할까
한참을 앞서 걱정하고 있는
나를 도래질하며
더듬는 소리로 어서 와요

어린애만 같은 딸년인 줄 알았는데
사랑을 키우려 떠난단다
그곳엔 아직도 초등학교 입학 때
일곱 살 모습으로 있는데
멀리서 환청처럼 들리는 소리
또 다른 어머니.
태동과 분만의 진통 없이 얻는 아들이구나

목이 타는 시간 속
무엇인지도 모를 복받침에
희비가 엇갈린 바다를 헤매고 있다

미운 사랑

창문에 비친 달빛
자정으로 기울면
뜰 안에서 혼절하는 그림자

가슴 시린 하얀 속살
달무리 여정에 지쳐 돌아누우며
미운 사랑
파도처럼 일렁인다

조금씩 지쳐가는 마음에
끈을 놓으려는 순간
한 장의 백지가 마련된다

빈 여백에 아무 말도 못 쓰고
미운 사랑 미운 사랑
숙명이려니
다시 가슴에 묻고 새벽으로 간다

내 마음

속옷 차림으로
TV를 보며
킥킥 웃고 있는 남편

뒤통수가
꼭 메주덩이 같고 밉다

퀴퀴한 냄새도
살짝 나는 것 같다

변덕스럽게
뒤틀린 내 마음

여행 + 라면

폭염으로 몸살하는 칠월 어느 날
막역한 친구들과 의기투합하여
그래 떠나자 하고
계획 없이 무작정 떠난 여행
목적지는 남한산성
이미 계곡마다 비집고 들어갈 틈 없이
왁자지껄 하는 무리들 속에 옹색하게 자리잡고
도중에 마트에서 준비 없이 급조한
라면을 꺼내면서 이리저리 살펴도
도무지 우리처럼
빈약한 먹거리가 없었다
그래도
용기 내서 버너에 물을 붓고
보글보글 끓여
한 젓가락 들어올렸을 때
당당하지 않으면 더 초라할 것 같아
큰 소리로
와 라면 맛 죽이네 예술이다

그때 옆자리 아이가
엄마를 향해 나 라면
당황한 엄마는 고급진 과자와
과일로 아이를 달래려 했지만
그대로 아이는 여전히 라면만
외치고 외치고 있었다
우리는 큰 소리로 많으니까 미안해하지 마시고
마음껏 덜어가십시오

아이도 만족스럽게 맛있게 먹고
우리도 신이 나서
라면은 집에서보다 역시 야외지, 죽이네
한두 사람이 힐끗대며 군침을 삼킨다

여행 경비: 기름값 오만 원
라면 열 개 값 달랑 칠천 원이었지만
여행은 알차게
오래오래 기억에 남고 즐거웠다

장수 만만세

느티나무 아래 옹기종기 모여 앉은 어르신들
어제 한 얘기 오늘 또 해도
새로 처음 듣는 것처럼 능청스럽게 웃어주며
아- 글씨 내가 그랬다닌까
다짐과 동요를 확인하는
할머니 주름진 얼굴에 의미 없는 웃음 흘리며
꼬장 피시는 할아버지
역정인지 투정인지
아 이 할망구야 알아들어 시끄럽다닌까

나뭇가지와 참새도 놀래서
이 가지 저 가지 푸드득 날아가다
똥을 찍 싸서
이마에 떨어져도 개의치 않고
당신네 안방인 양 길게 누워
오수를 즐기시는 어르신 한밤중이시다

공원은 온종일 시끄럽고 부산스럽다
싸우는 소리 웃는 소리 바람소리
장기 두시는 할아버지 패와

말을 잃어버린 듯
넋 놓고 의자에 앉아만 있는 할머니
그도 아니면 시답지 않은 얘기들로
삿대질까지 주저없이 험악한 분위기였다
금세 또 껄껄대신다
꼭 어린아이들 같으시다

느티나무 넉넉한 품을 벌려
모두 감싸 안으려 한다
이도 옳다 저도 옳다
살아오신 날들이 다 교훈이요 훈장인데
바람따라 이쪽저쪽 다 맞다고 한다

느티나무를 빼 닮은 어르신들
오늘도 질퍽한 얘기들로
매듭 없이 내일을 기약하며
장수 만세 장수 만만세

킥킥

한때는 당신 없이 못 산다고 킥킥

철없는 꿈속에 부풀어
필요 이상 용기로 철없던 시절 킥킥

오늘 기억을 걷는다 킥킥

당신이라는 말 감미로웠고
우리라는 말 정답고
참 좋았지 킥킥

한세월 가고
또 다른 시간 속
이제사 뒤돌아보니 킥킥

누구나 한 번쯤
홍역처럼 치르는 열병 같았던
무모한 사랑 킥킥

지난 한때의 추억 한 페이지 킥킥

추억 만들기

참 어렵게 떠나 만난 태안 꽃지섬
하늘에 파란 구름도 환영해주듯
화창한 오후

할아버지 할머니 손자들 손 잡고
추억 도장 찍듯 꾹꾹 눌러
모래사장에 발자국 남기고
바다를 다 안으려는 듯
두 팔 벌려, 야호-

할아버지 할머니 사랑해요
달콤한 손녀의 메아리가
파도 소리에 담겨서 안겨온다

행복한 추억 가슴에 담고
소중한 사랑 행복에 취해
노곤함에 깜박 잠이 들어서도
입가에 번지는 미소
아마
지금도 그 해안선을 걷고 있는 것 같다

예레 베타*

교회에서 예배가 끝나면
연세가 높으시거나
무릎 허리가 많이 불편하신 분들이
주로 이용하시는 예레 베타

언제부터인가
나도 기다리고 있다
거울 속에 비쳐진
뻘쭘허니 서 있는 내 모습

편하자고 타는 것이
이렇게 민망하고 불편하다니…
나이는 어쩔 수 없나 보다
이제 나도 백발이 성성해
예레 베타 맨이 되었네

*엘리베이터

무릎 관절 수술

긴 장마에 담장 무너지듯
나이에 떠밀려
삐거덕거리는 무릎 관절
헌 타이어 바퀴 갈아치우듯 수술 시도

동행할 수 없는 먼 길 떨며 혼자 감당하고
나눌 수 없는 고통과 싸우면서
외로움으로 범벅 되어
들짐승 같은 울음으로 뒤척이는 밤
통증으로 길기만 하다

동 터 오는 아침
하룻밤 악몽처럼
부시시 퉁퉁 부은 얼굴로 맞이하며
얼마나 더 아픈 시간들과 싸워야 하나

지우고 싶은 시간 속에
자꾸만 주저앉고 무너지며
지금은 하루가 열흘씩 갔으면
좋겠다는 생각뿐이다

정서진

영종대교 아래
유유히 출렁대는 바다를 품고
아라뱃길 연계되어
도도한 모습으로
풍력 발전 날개 돌아가는 장엄한 정서진

서구의 자랑이다

바다 피아노 악보는
드라마의 멋진 고백 같은 얘기가 있구나

많은 사람들 발자국
정서진이란 이름으로
오늘도
역사를 써 내려가고 있다

거울 법칙

우리가 한 대로 돌아온다는 것을 몰랐을까

미워해서 더 힘들었고
사랑해서 아팠지만
비에 씻겨서 흘러내리는 눈물
감출 수 있어 좋았어

아직은 무너진 모습 보이기 싫어
하늘을 바라보며 걷고 있어
배려가 없는 사랑은
기껏해야 관용이거나 인격이겠지

차가운 한줄기 빗물까지 아프게 하지만
넌 날 울리지 마
언젠가 너도 나처럼
거울 법칙을 깨닫게 될 거야

우리 서로 사랑했잖아

꿈꾸는 나무

꿈이란 씨앗 뿌리고
최선이란 나무를 키우며
무엇이 되고자가 아니고
튼튼한 나무로 자라서
모든 이들의 그늘이 되어라

묻지도 말자
어디서 어디까지 목표냐고?
꿈꾸는 나무

피어난 꽃봉오리
함께해야 하는 세상

내일에 솟대를 띄운다

상념

살얼음 밑으로 흐르는
계곡의 물소리 재잘재잘
바위 모서리마다 핥고 흘러간다

잿빛 하늘에 빗방울처럼
상념의 그리움
못내 잊을 수 없는 백치의 눈물인가

시작과 끝이 쳇바퀴처럼
계절의 서막이 시작되어
다시 원점으로 와서
시린 가슴 침묵을 담고

그리움으로 촉촉이 젖어
되돌아올 수 없는 길을
홀로 떠난다

꿈

사랑함으로 시를 알았고
외로움에 노래를 부릅니다
그리움에 편지를 썼습니다

소박한 꿈
임과 함께 초가삼간 집을 짓고
옹기종기 별빛 모아
평온에 꽃천지 누리고
살갑게 살고지고.

텃밭엔 오밀조밀 채소 가꾸어
마주 앉아 밥을 먹으면
한 상에 함께 둘러앉은 아이들
부자가 부럽지 않아요

사랑함으로 시를 알았고.
외로움에 노래를 불렀고
그리움에 편지를 띄웁니다

욕심 많은 부자

욕심 많은 부자가 되렵니다
정원에 각가지 꽃씨 뿌려
철 따라 갈아 피는
빨강 노랑 흰색 분홍색 보라색
꽃들 속에 묻혀
마음껏 행복해하고
누려도 좋을 부자가 되렵니다

속살대는 꽃들의 노래 속에
행복한 날마다
사랑하는 이들에게 꽃소식 전하며
알콩달콩 사는 얘기 편지 쓰며
아무도 부럽지 않은 부자가 되렵니다

이만하면 멋진 꿈이지요
욕심 많은 부자가 되렵니다

지금 당신은

지금 당신은 서해바다 파도 앞에서
겨울 바다 출렁임에 멍든 가슴 싸안고
전화를 한다고 했습니다
조금은 위로가 되었는지요
현명한 답은 찾았는지요
그러나 우리의 계획대로 된 것은 얼마인가요

그저 주어진 하루하루 감사하며
열심히 사는 것이 답이라고
말하는 내가 야망 없는 패배자인가요

지금 당신은
서해바다 모래 위에 발자국만 남기고
바다를 향해 소리쳐 봐도
철썩대는 파도와 바람이 삼키고
여전히 전화만 꼭 쥐고
서해바다 모래 위에 발자국만
남기고 있겠네요

4장. 당신을 생각하면

당신을 생각하면

당신을 생각하면
그리움이 행복이 되고

행복은 목마름으로
다시 그리움이 되어
외로움이 되나니

당신을 생각하면
아무것도 생각지 못하고
철부지가 되어

다만 그립다고만 합니다

여명

한 겹 뎁혀진 햇살 아래
물이 차오른 꽃망울
못내 참지 못하고
바람에 터져서 향기로 젖어오는 새벽

이슬 헤치고 오늘도 재우쳐가는 발자국 소리
여명을 깨워 한결같은 소원의 기도

강물처럼 불어나고 꽃물 차오르듯
하늘 창고 꽉 차도 목숨 다하는 날까지…

오늘도 은쟁반 위 굴러가는 구슬처럼
또그르륵 굴러 내 귓전에 쟁쟁하여
느슨했던 마음에
채찍 들고 무릎 꿇는다

흩어진 꽃잎 모으듯
마음 다듬어 추스르며
여명으로 밝아오는 눈부신 햇살이오.

징그러운 사랑이다

닫은 가슴에 뜬금없이
수북히 쌓이는 부질없는 그리움이 있다
시간에 쫓기며
싸우는 날들 속에서도
황당하게 나를 몰아세우던 추억 속에
잠시 뒤돌아보는
어처구니없는 사랑이 있다

남김없이 태웠다
미련 없이 날려 버렸다
거짓 없는 사랑이라 믿었는데
타나 남은 불씨 모양
가슴을 쿡쿡 찌르는 징그러운 사랑이다

삶에 지친 절규
비명 같은 탄식으로
어둠 속에 발광을 하며

고독한 까마귀 한을 토해내듯
오동나무 가지 끝에 앉아
까악 까악

허공에 흩어지는 허탄한 소리
나무 아래로 뚝뚝 떨어진다
헝클어진 가슴 멍에로 옭아매어
가슴에 응어리 몰아서 토해 내면
미움으로 일그러진 얼굴
징그러운 사랑이다

사랑이란 이름으로

큰 바위 같았던 당신
바람 앞에 휘청이는 대나무 숲속
휘어지기는 해도 꺾어질 수 없는
가장이란 명색으로
언제나 버팀목 같은 느티나무가 되고자 했습니다

일몰의 잔혹함 속에 기꺼이 청송으로
늘 푸른 나무이고자 했습니다

기도했지만 소원했지만
불꽃처럼 활활 타는
역사는 없었습니다

마른기침으로 밤을 뒤척이며
자책하는 당신
무거운 짐 나눠 지고
발맞춰 우리 함께 가요

사랑이란 이름으로…

망부석

멀어져 간 사랑아
보내지 못하고
생 앓이 하는 빈가슴

그립다 못해 탄식으로
노을 지는 부둣가에 앉아
소중했던 추억들 남김없이 띄웁니다

넘실대는 파도에 묻으면
잊으려나 했지만
산란하는 알처럼 알알이 되살아와

다시 바보처럼 불러보는 이름
성난 파도가 삼키고
갈 곳 잃어버린 가슴
망부석 되어 이슬에 젖는다

사랑합니다

예쁘지 않은 나를 예쁘다며
변함없이 사랑해 주는 당신 있어
어디서든
당당하게 명랑하게
살아가게 해준 당신 고맙습니다

오늘도 힘 내라고
등 다독여 주며
웃으며 나가는 당신
뒷모습 듬직합니다

내게 언제나 버팀목이 되는
당신 있어 두렴 없습니다
맛없는 반찬들 딱 입에 맞는다고
맛있게 먹어주던 당신 참 고맙습니다

언제나 배려하며
당신 좋으면 다 좋다는 당신
바보처럼 말하지만
착하고 지혜로운 사람인 줄 알기에
나도 당신 좋으면
무조건이라 하면
손 맞춰 화이팅 하는 우리

당신과 함께하는 세상
행복합니다
다만 건강해서 언제까지
함께하기만을
기도하고 또 기도합니다

참 많이 고맙고 사랑합니다

사랑의 흔적

비에 씻긴 긴 꽃대 옥잠화
하얀 꽃 향기
밤안개에 젖어들고
내 방까지 날라다 주며
잠 못 들고 뒤척이는 나를 일으켜 세운다

비바람 속 꽃은 서둘러 훌쩍 가고
오래도록 내 기억에 남은
너의 아픈 사랑의 흔적

빗속에 숨어서 우는 옥잠화 꽃

잠 못 들고 뒤척이던 밤
긴, 긴 편지 써서 우체통에 넣던
그날이 꼿꼿이 서서
하얀 손수건처럼
나폴대며 겹겹이 눕는다

당신과 보름달

새벽녘 꽉찬 보름달
남편 얼굴로 쏟아져
곤히 자고 있는 얼굴 시리다

낮 동안 얼마나 많은 일과 부딪히며 힘들었는지
달빛에 젖은 얼굴
노곤함에 창백하다

살며시 이불자락 덮어주며
낯선 얼굴처럼
찬찬히 바라보고 있노라니
두 뺨 타고 흐르는 눈물
좌절의 순간에도 당신 있어
여기까지 올 수 있었음에 감사합니다

얼마나 더 살아야 할지 모르지만
당신 손 잡고 가는 길 두렴 없습니다
새벽녘 꽉 찬 보름달
유리 창문 투시되어
많은 얘기 담고 내 품으로 안겨온다

인생의 끄트머리에서

인생의 끄트머리에서
고뇌하던 시간들
오롯이 살아온 등불 하나 매답니다

당신의 살갑던 웃음 속에 숨은
선열로 혼절하며
가슴 시린 눈물의 기도
오늘은 남은 날의 첫날이라는 억지
야멸찬 꿈 꾸며
당신의 회복이 나의 행복이라
온 맘 다해 기도하고 기도합니다

죽을 모퉁이가 살 모퉁이라 담금질하며
인생의 끄트머리에서
살아온 날보다
가야 하는 시간이 가까이 있음에
후회보다 아름다운 정화의 시간
슬펐을 때보다 행복했을 때가 더 많았고
아팠을 때보다 안 아팠을 때가 더 많았음에
숙연한 마음으로 다만 감사합니다

당신

당신은 내 세상이고
나의 전부입니다
목메며 하고픈 말 못하고
내 손 잡고 따뜻하게 토닥여 주는 당신
여전히 사랑합니다

무심한 세월 속에
병약함으로 천만가지 해주고 싶은 일
다 못해 준다고 탄식하는 당신
괜찮아요

지금 내 곁에 있는 것도 큰 선물인 걸요
이 운명 더 아픔으로 온다 해도
우리 조금만 더 힘을 내요
당신 없는 세상 어떻게 혼자 살아요

당신은 내 세상이고 나의 전부입니다
이 생명 끝나는 날까지
당신을 사랑합니다

어디로 가나

눈보라 치는 사나운 밤
별들은 마른 연못에 빠지고
길 잃은 철새 갈 길 몰라 하늘을 헤매며
창가에 쌓이는 낙엽들
서로 덮쳐서 몸부림이다

어디로 가나

삶의 역경과 무단히 싸우는
핏기 없는 남편 얼굴 보면서
배부르지 않아도 행복했던 날들 속에
차곡차곡 쌓여 있는 추억들

그땐 바람 불어도 두렵지 않고
희망을 보면서 꿈꾸던 날들
그런 날들이 따뜻이 밀려온다

눈보라 치는 깊은 밤
별들은 메마른 연못에 빠지고
길 잃은 철새 갈 길 몰라
하늘을 헤매며
창가에 쌓이는 낙엽들
서로 덮쳐서 몸부림이다

어디로 가나

당신은 누군가의 한세상이었습니다

당신은 누군가의 한세상이었습니다

당신 어깨에 기대어
바람소리 물소리 새소리 들으며
모두 노래가 되어
마음은 드높이 허공에 떠 있고
코끝을 스치는 풀향기 감미로움에
아름다운 아름다운 사랑에
마냥 부풀어 행복했던 날들

당신은 누군가의 한세상이었습니다

그런데 지금
그 사랑 무덤에 벌초하러 갑니다
허허로운 빈 마음으로
저 들국화 시름 걷으러 갑니다

이제는 잊어야 하는 줄 아는데
당신이 주고 간 사랑 너무 커서
너무, 너무 아쉬워 보내지 못합니다
당신은 나의 한세상이었습니다

단 하나의 사랑

단 하나의 사랑
당신 있으매 내 삶은 풍요로웠고
날마다 사랑으로 행복했습니다

어제 혼자 남아
모든 것을 잃어버리고
나그네 되어
슬쓸한 겨울 앞에 떨고 있습니다

밤마다
베갯잇을 적시며
가난해진 마음
당신 그리움으로 충만하여
긴- 긴 겨울밤이 무섭습니다

단 하나의 사랑
따라갈 수 없는 길이기에
마냥 설움에 젖어
울고 또 울고만 있습니다.

단 하나의 사랑

당신이여

오늘은 많이 춥네요
하늘도 슬픈지 하얀 눈이 펄펄 날려
가시는 임 흔드는 손짓 같습니다
이 먹먹한 가슴 통곡하는 밤

아- 당신은 어떤 가슴으로 가시나요

모두 한마음 되어
절박한 바람의 기도로
당신의 환한 미소 보기를 소원했는데
그대 지금 지구별을 넘어가고 있나요

그 밤은 왜 그리 캄캄했는지
왜 그리 추웠는지 왜 그리 길었는지
우리 모두
당신을 꼭꼭 붙잡고 싶었습니다

그대 온화하고 다정한 미소가
겨울 냉기도 녹였는데
이 먹먹한 가슴 통곡하는 이 밤
한참을 보고 싶을 당신이여
당신이여

언제쯤 돼야

날마다 당신께로 향하는 마음
가니
왔냐는 소리도 없고
그렇게 다정했던
웃음을 볼 수 없지만
날마다 당신 향한 마음
억제할 수 없어
오늘도 서둘러 갑니다

그렇게 다녀오는 길
바위덩이 얹은 것 같은 가슴
조금은 덜어놓은 것 같은 마음
며칠은 잠잠하다
일주일쯤 되면
또 당신 향한 마음
달래지 못하고 여전히 갑니다

언제쯤 돼야
이 설움에서 벗어날 수 있을까요
언제쯤 돼야 이 걸음을 멈출 수 있을까요

이 고단한 나날
나를 지탱케 하는 통로입니다
먼 훗날
훗날 설움을 덜어낼 수 있다면
아니 내가 죽기까지는
이 끈을 놓을 수 없을 것 같습니다

당신은 나의 전부였잖아요
나 아닌 나였잖아요
내일도 내일의 내일도
여전히 그곳에서 당신을 바라봅니다

빈 들

밀물 차 바다를 내몰던 풍랑
바람도 길을 잃어
밤마다 혼절하며 선잠으로 뒤척인다

파랗게 질린 별빛 목 메어 울고
지쳐가는 숨결
가늠하며
억새풀 속살로 우는 빈 들

이쯤에서 놓아야 하나
새벽까지 뒤척이다
아픈 가슴에 꺼지지 않는 등불
하나 매답니다

당신이 총총히
심어놓은 사랑의 뜰에…

당신 없는 세상

당신 없는 세상
설움에 차 있습니다
그래도
지금은 이럴 수밖에 없습니다
어떤 탈출구가 없습니다

이렇게 살다 살다
어느 날 조금은 희미해지면
그때사 나무라십시오

처음과 끝이 당신 생각에
충일하여
나도 나를 조절할 수 없습니다
다만
너무 오래 가지 않기를
기도 하면서
느슨하게 살다 가렵니다.

당신 없는 세상

이별

이별 앞에 빛바랜 추억
허공의 속살 속으로 파고들면
제 살 깎아 막느라 헉헉대면
생채기로 남은 상처들
뼛속까지 시리게 후빈다

측은지심 애정으로 남은
마지막 한마디
허공에 산산이 흩어지면
희미한 그림자 밟고
하얀 그리움 달빛에 싸서
꽁꽁 묶어 내 가슴에 묻는다

언제쯤
이 고단한 싸움에서
가열차게 일어설 수 있을지
지쳐가는 마음에
추억의 빗장을 잠근다

비 오는 밤

빗소리에 젖어 잠 못 드는 밤

한낮 뙤약볕에
시들었던 나뭇잎들
기운 찾아서 싱그럽습니다

내 마음속 하얀 그리움
빗소리에 젖어
잠 못 들면 숨길 수 없는 그리움

당신보다 내가
더 많이 사랑한 것 같습니다
비에 젖어 날개 접고
새들도 잠들고 꽃들도 잠이 드는 밤
홀로 잠 못 들고
당신을 그리워하고 있습니다

어젯밤 꿈

울고 있는 나를
울지 말라고
토닥 거려 주고 가네요.

근데
어떻게 안 울어요.

당신이 없잖아요.